Uma fome tão afiada
poemas escolhidos

TRACY K. SMITH

Uma fome tão afiada
poemas escolhidos

Seleção e tradução de Salgado Maranhão e Alexis Levitin

Copyright © 2003, 2007, 2011, 2018, 2024 by Tracy K. Smith
The poems included in this anthology have been selected from the following volumes:
The Body's Question (2003), Duende (2007), Life on Mars (2011), Wade in the Water (2018), and Such Color (2021), and "Vision" was featured in The New Yorker magazine (2024).
Published in agreement with Graywolf Press and Casanovas & Lynch Literary Agency

Todos os direitos desta edição reservados à Editora Malê.

Direção: Francisco Jorge & Vagner Amaro

Uma fome tão afiada: poemas escolhidos
ISBN: 978-65-85893-37-4
Edição: Vagner Amaro
Revisão: Louise Branquinho
Capa: Dandarra Santana

Texto revisado segundo o novo Acordo Ortográfico da Língua Portuguesa.
Proibida a reprodução, no todo, ou em parte, através de quaisquer meios.

Dados internacionais de catalogação na publicação (CIP)
Vagner Amaro – Bibliotecário - CRB-7/5224

T662u	Smith, Tracy K.
	Uma fome tão afiada: poemas escolhidos / Tracy K. Smith; seleção e tradução de Salgado Maranhão e Alexis Levitin — 1. ed. — Rio de Janeiro: Malê, 2025.
	134 p.
	ISBN 978-65-85893-37-4
	1.Poesia norte-americana I. Título.
	CDD 811

Índices para catálogo sistemático: 1. Literatura: poesia norte-americana 811

Editora Malê
Rua Acre, 83, sala 202, Centro. Rio de Janeiro (RJ)
www.editoramale.com.br
contato@editoramale.com.br

Sumário

Tracy Smith: A voice of many colors 9
Tracy Smith: Uma Voz de muitas cores 13

Brief Translator's Commentary 17
Breve comentário do tradutor 19

Something like dying, maybe 21
Algo como morrer, talvez 22

Serenade 23
Serenata 26

Thirst 29
Sede 32

Gospel: Manuel 35
Gospel: Manuel 37

Gospel: Miguel (El Lobito) 39
Gospel: Miguel (El Lobito) 40

Mangoes 41
Mangas 43

Appetite 45
Apetite 47

Credulity 49
Credulidade 50

A hunger so honed 51
Uma fome tão afiada 53

Bright 55
Claro 59

Minister of Saudade 63
Ministro da saudade 67

From "Joy" III. Days like this, when I don't know 71
De "Alegria" III. Dias como estes, quando não sei 72

From "Joy" IV. These logs, hacked so sloppily 73
De "Alegria" IV. Estas lenhas, cortadas tão
bruscamente 75

Cathedral Kitsch 77
Catedral Kitsch 79

The United States Welcomes You 81
Os Estados Unidos dão-lhe as boas-Vindas 82

"I Killed You Because You Didn't Go to School and Had
no Future" 83
"Matei-te porque não foste para a escola e não tinhas
futuro" 84

Solstice	85
Solstício	86
Unrest in Baton Rouge	87
Inquietação em Baton Rouge	88
Beatific	89
Beatífico	90
The Everlasting Self	91
O Eu que Dura	92
Song	93
Canto	94
Hill Country	95
Sertões	97
When Your Small Form Tumbled Into Me	99
Quando tua pequena forma caiu em mim	100
Dock of the Bay	101
Dique da baía	102
Mothership	103
Nave-Mãe	104
Rapture	105
Arrebatamento	106

I Ask for Someone Who Has Lived It, Any Part of It .. 107
Peço para alguém que tenha vivido isso, qualquer parte disso 108

An Old Story 109
Uma velha história 110

Ransom 111
Resgate 113

Annunciation 115
Anunciação 116

We Feel Now a Largeness Coming On 117
Nós sentimos agora uma amplitude chegando 118

Wade in the Water 119
Rompendo Águas 121

"You Certainly Have the Right to Your Thoughts in this Minefield" 123
"Certamente você tem direito a seus pensamentos neste campo minado" 125

Vision 127
Visão 130

Tracy Smith: A voice of many colors

American poetry, from the 19th century till now, has made its way between two foundational "alignment of forces." On the one hand, there is Walt Whitman, with his broad strokes of a biblical nature and epic emotion; and, on the other, there is Emily Dickinson, cultivating a style of stripped-down restraint. These parameters represent a play of systole and diastole, persistent to this very day, despite new influences and aesthetic interests in force in every era, as, for example, now, when poetry and identity politics sometimes get mixed together.

Of course, in an enormous multicultural country like the United States, many stellar voices of great originality and syntactical richness, rise up as time goes by, in all regions, taking advantage of the formal revolutions that modernity has offered the world at large. From the first decades of the Twentieth Century till 1950, American poetry exploded in creative vitality, from the poets of the magazine Poetry (Elliot, Pound, Marianne Moore, Wallace Stevens, William Carlos Williams) to the Beat Generation, with Ginsberg, Kerouac, and Ferlinghetti leading the way. Even though Afro-American poetry vigorously persisted throughout this period, few black authors received the canonical recognition they deserved. Among them, Langston Hughes, Amiri Baraka, and Maya Angelou are honorable exceptions whose reputations have crossed beyond the borders of the United States.

And yet, beginning in the 1990s, a new generation of poets springing from the black community and from the American academic world (some coming from urban neighborhoods, linked to Rap), has managed to occupy the literary scene both in the north and south of the country, carving out an affirmative poetics of identity, on the one hand, and on the other, establishing an erudite syntax of the highest formal elaboration.

The poet Tracy K. Smith belongs to this new crop of authors, in which the black woman has taken her place in full force, occupying a position of excellence, with the authority of someone who has something to say, in a space previously destined, almost by genetic inheritance, to white women of the elite. Poet Laureate of the American Library of Congress, Tracy K. Smith is today one of the most representative names in poetry in the United States, as much for the *sermo nobili* of her elegant poetic construction, as for her triumphant scholarly career at highly prestigious universities, such as Princeton and Harvard.

For poets of black descent, at this time, a stereotype of militancy comes as part of the package. In general, it isn't their task to deal with existential dramas or aesthetic complexities, their place is in the frontlines of pure, explicit combat. But that is not what has happened to Tracy K. Smith during the solid literary trajectory of her six volumes (one of which, *Life on Mars*, won a Pulitzer Prize, the most important American literary award). Her only commitment is to poetry, with its scrutinizing gaze upon surrounding reality, whether in verses giving shape to the unexpected moment when a deer crosses the roadway, paralyzing traffic, or when revealing the expertise of a beggar in the heart of Pelourinho, in Salvador (Bahia). This is a poetics with its own voice, founded on a merging of expansiveness and restraint, in a creative approach enriched by a crisscross of issues, without complaints or excess in expression. Instead of this, it gathers in, with aesthetic care, the subtleties of small daily gestures and events.

    In Tracy K. Smith, a high voltage verbal structure arises: beauty and human conflicts joined together, without exhibiting theoretical stitchings. In this her *A Hunger So Honed*, a selection drawn from the course of her entire output, with a translation by Salgado Maranhao and Alexis Levitin, the Brazilian reader will be able to enjoy the visceral talent of this provocative author, who is content to be fully a poet in the best weave of her multiple colors.

Salgado Maranhão

Tracy K. Smith: Uma Voz de Muitas Cores

A poesia americana, do Século XIX para cá, navega entre duas "linhas de forças" fundantes. De um lado, Walt Whitman, com seus versos largos de compleição bíblica e sentimento épico; e, do outro, Emily Dickinson a cultivar a contenção despojada. Parâmetros que representam um jogo de sístole e diástole, persistente até os dias de hoje, apesar das novas influências e dos interesses estéticos vigentes em cada época, como agora, em que, poesia e militância identitária, por vezes, se confundem.

Claro que num país gigantesco e multicultural como os Estados Unidos, muitas vozes estelares de grande originalidade e riqueza sintática, se ergueram ao longo do tempo, em todas as regiões, aproveitando-se das revoluções formais que a modernidade propiciou mundo afora. Das primeiras décadas do Século XX à década de 1950, a poesia americana explodiu em vitalidade criativa, desde os poetas da Revista *Poetry* (Elliot, Pound, Marianne Moore, Wallace Stevens, Williams Carlos Williams) à Beat Generation, com Ginsberg, Kerouac e Ferlinghetti à frente. Ainda que a poesia afro-americana tenha resistido vivamente em todo esse período, poucos são os autores negros que tiveram o devido reconhecimento canônico. Entre eles, Langston Hughes, Amiri Baraka e Maya Angelou, são honrosas exceções que transcendem as fronteiras americanas.

No entanto, a partir dos anos de 1990, uma nova geração de poetas egressos da comunidade negra e do mundo acadêmico americanos (alguns vindo das periferias urbanas, ligados ao Rap), passa a ocupar a cena literária de Norte a Sul do país), esgrimindo uma poética de afirmação identitária, por um lado, e por outro, uma sintaxe erudita de alta elaboração formal.

A poeta Tracy K. Smith pertence a essa nova safra de autores em que a mulher negra se insere com força total, ocupando um lugar de excelência com a autoridade de quem tem o que dizer, num espaço antes destinado, quase por herança genética, à mulher da elite branca. Poeta laureada pela Biblioteca do Congresso americano, Tracy K. Smith é, hoje, um dos nomes mais representativos da poesia dos Estados Unidos. Tanto pelo *sermo nobili* da sua elegante construção poética, quanto por sua vitoriosa carreira de scholar em universidades de alto prestígio, como Princeton e Harvard.

Sendo uma poeta de origem negra, nos tempos atuais, o estereótipo da militante já vem no pacote. Para o senso comum, não lhe cabe tratar de dramas existenciais nem de complexidades estéticas, seu lugar é na trincheira explícita da pura contestação. Mas, não é o que tem ocorrido ao longo de sua sólida trajetória literária de 6 títulos (um dos quais, *Life on Mars*, premiado com o Pulitzer, o mais importante prêmio literário americano). Seu único compromisso é com a poesia, em seu olhar perscrutador da realidade circundante. Em seus versos, tanto pode plasmar o inusitado momento em que um cervo atravessa o asfalto, paralisando todo o tráfego; ou a expertise de uma pedinte em pleno Pelourinho, em Salvador (BA). Trata-se de uma poética de voz própria, fundada na confluência da expansão e da contenção, numa abordagem criativa, enriquecida por questões transversais, sem queixumes ou derramamentos excessivos. Ao invés disso, recolhe com esmero estético as sutilezas dos pequenos gestos cotidianos.

Em Tracy K. Smith, ergue-se uma estrutura verbal de alta voltagem: belezas e conflitos humanos conjugados, sem exibir costuras teóricas. Neste seu *Uma Fome Tão Afiada* – seleta extraída do curso de toda a sua obra, com tradução de Salgado Maranhão e Alexis Levitin – o leitor brasileiro poderá fruir o talento visceral desta instigante autora, que contenta-se em ser plenamente poeta na melhor tecelagem de suas múltiplas cores e da larga tradição canônica do seu país.

Salgado Maranhão

Brief Translator's Commentary

Working with Salgado Maranhão on the translation of this book by our highly esteemed friend Tracy K. Smith, Poet Laureate of the United States from 2017 to 2019, has been a special pleasure for me. I have been a translator for half a century, but almost all my endeavors have been to bring works of art from Portuguese into English, my native tongue. It seems clear to me that the most natural task for a translator is to carry over a work from a foreign language into the language into which he or she has been born and bred. My joy over the years has been to create a music in my own language that resonates with the music of the original.

But now, Salgado and I have joined forces in an attempt to create a melody in Portuguese to echo or respond to the music of Tracy K. Smith's subtle and deeply rhythmic English poetry. My feeling of fulfillment this time comes when I listen to Salgado, who springs from an oral tradition and background, reciting the finished rendition in Portuguese. I listen and smile with satisfaction: *soa bem*!

My only other co-translation into Portuguese appeared nearly twenty years ago. It was *Notas para uma ficção suprema* by Wallace Stevens, the great American modernist poet. That work was done in collaboration with the Portuguese poet Maria Andresen and published by Relógio d'Água in 2007. I still remember the quiet morning when I awoke at a friend's house on the Algarve, where we had been invited to work on the book in the tranquility of the countryside. No one else was yet awake. I arose, walked to our work desk, picked up the completed text in Portuguese, and sat down in a large armchair to read it through, cover to cover. When I finished, I felt filled with exaltation and gratitude. I had been hearing the voice of Wallace Stevens himself, miraculously speaking to me in Portuguese.

And now, so many years later, I have had the great pleasure, once again, of listening to the voice of a major American poet speaking to me in that lovely language, though this time it is the Portuguese of Brazil. And, once again, I am filled with gratitude. Thank you Tracy K. Smith. Thank you Salgado Maranhão.

Alexis Levitin, Urca, Rio de Janeiro, May 30, 2024.

Breve Comentário do tradutor

Trabalhar com Salgado Maranhão na tradução deste livro da nossa estimada amiga Tracy K. Smith, Poeta laureada dos Estados Unidos de 2017 a 2019, foi um grande prazer para mim. Sou tradutor há meio século, mas quase todos os meus esforços se resumem a trazer obras de arte do português para o inglês, minha língua materna. Parece-me claro que a tarefa mais natural para um tradutor é transportar uma obra de uma língua estrangeira para a linguagem em que nasceu e foi criado. A minha alegria tem sido criar uma música na minha língua própria que ressoa com a música do original.

Mas, agora, Salgado Maranhão e eu unimos forças na tentativa de criar uma melodia em português para ecoar ou responder à música da poesia inglesa sutil e profundamente rítmica de Tracy K. Smith. O meu sentimento de realização, deste modo, surge quando ouço Salgado, que brota de uma tradição e antecedentes orais, recitando a versão final em português. Ouço e sorrio com grande satisfação: Soa Bem!

A minha outra cotradução para português surgiu há quase vinte anos. Foi o livro *Notas para uma ficção suprema*, de Wallace Stevens, o grande poeta modernista americano. Esse trabalho foi realizado em colaboração com a poeta portuguesa Maria Andresen e publicado pela editora Relógio d'Água em 2007. Ainda me lembro da manhã tranquila em que acordei na casa de uma amiga no Algarve, onde tínhamos sido convidados a trabalhar no livro na tranquilidade do campo. Ninguém estava acordado. Levantei-me, caminhei até nossa mesa de trabalho, peguei o texto completo em português, sentei-me numa grande poltrona e li para mim mesmo o livro inteiro de um único sopro. Quando terminei, senti-me cheio de exaltação e gratidão. Eu estava ouvindo a voz de Wallace Stevens, ele mesmo, milagrosamente falando comigo em português.

E agora, tantos anos depois, tive o grande prazer de ouvir a voz de uma notável poeta americana falando comigo, só que, desta vez, no português do Brasil. E, mais uma vez, estou cheio de gratidão. Obrigado, Tracy K. Smith. Obrigado, Salgado Maranhão.

Alexis Levitin, Urca, Rio de Janeiro, 30 de maio de 2024.

Something like dying, maybe

Last night, it was bright afternoon
Where I wandered. Pale faces all around me.
I walked and walked, looking for a door,
For some cast-off garment, looking for myself
In the blank windows and pale blank faces.

I found my wristwatch from ten years ago
And felt glad awhile.
When it didn't matter anymore being lost,
The sky clouded over and the pavement went white.
I stared at my hands. Like new leaves.
Light breaking through from behind.

Then I felt your steady breathing beside me
And the mess of blankets where we slept.
I woke, touching ground gently
Like a parachutist tangled in low branches.
All those buildings, those marvelous bodies
Pulled away as though they'd never known me.

Algo como morrer, talvez

A noite passada era tarde brilhante
Onde eu seguia errante. Rostos pálidos em torno de mim.
Caminhei e caminhei, buscando uma porta,
Um vestido descartado, procurando a mim mesma
Nos vidrinhos vazios, nos pálidos rostos vazios.

Encontrei meu relógio de dez anos atrás
E senti-me contente por um tempo.
Quando não importava mais tê-lo perdido,
O céu nublou-se e a calçada tornou-se branca.
Eu fitava minhas mãos. Como novas folhas.
A luz atravessando por trás.

Então senti tua respiração constante ao meu lado
E a confusão das coberturas onde dormimos.
Acordei, tocando o chão levemente
Como uma paraquedista emaranhada nos ramos baixos.
Todos esses edifícios, esses corpos maravilhosos
Tirados de mim como se nunca tivessem me conhecido.

Serenade

I am dancing with Luis,
Delirious with Spanish and moonlight,
With the scrawl of streets that led us here
To night in a foreign language.
We are dancing the *merengue*
And my body rings
With the ringing that wants to be answered.
As though I am a little drunk in the bones.
As though all along, my body has been waiting
To show me these trees, these nocturnal birds.

City of Restless Vendors, of Steep Embankments,
Of Padlocks and Bad Plumbing:
You have carried on this whole night
In the clatter of footsteps, in the private cadence of voices
And the silhouettes from which the voices spring.
You have carried on as two girls in a doorway,
As a figure the pretty one describes so vividly
It seems to hover in the air before them.
As the smoke trailing the gestures of certain men,
And the tobacco each removes from his teeth.

Luis takes my hand in his hand
And draws circles in the air
Above my head. I am spinning.

Sloppily at first, until my mind
Begins to understand that grace
Is a different phenomenon here,
And lets go of my two legs,
Allowing them to dance on their own
Like the legs of a chicken
Whose head dangles
A limp carnation
From its neck. I am spinning

So giddily the bottles of beer and liquor
And the bags bereft of their ice
Form one great lake of ecstatic liquid.
I want to race out now into the dark
That cradles us. Past the red
Tips of dragged-on cigarettes,
Past the tall weeds a few men
Wade out into, and the singing that reaches us
From the other side of the patio walls.

Earlier tonight in the plaza
Fireworks so close overhead
We might have touched them
On their way back down. People
ate cotton candy and roast corn
Singing *No vale nada la vida*
La vida no vale nada,
Faces painted to resemble *calaveras*.

Is Luis crying? No—but makeup
Streaks his face like newsprint
That's been rained on.
I closed my eyes a moment ago.
Now daylight appears just about to rise
To its feet, like a guest
Who's sat all night
Keeping time to lively music.

Serenata

Estou dançando com o Luís,
Delirante com o espanhol e o luar,
Com o rabisco das ruas que nos trouxe até aqui
Até a noite numa língua estrangeira.
Estamos dançando o *merengue*
E meu corpo toca
Com toque que quer uma resposta.
Como se fosse um pouco embriagada nos ossos.
Como se todo esse tempo, meu corpo estivesse à espera
De me mostrar estas árvores, estas aves noturnas.

Cidade dos Vendedores Inquietos, das Escarpas Íngremes,
De Cadeados e Maus Encanamentos:
Você continuou toda a noite
Ao som de passos, à cadência privada das vozes
E às silhuetas das quais as vozes brotam.
Você continuou como duas meninas numa porta,
Como uma figura que a mais bonita descreve tão vividamente
Que parece pairar no ar diante delas.
Como fumaça traçando os gestos de certos homens,

Luís pega minha mão na sua mão
E desenha círculos no ar
Acima de minha cabeça. Estou girando.
Desleixadamente no começo, até que minha mente

Começa a entender que a graça
É um fenômeno diferente aqui,
E deixa soltar minhas duas pernas,
Permitindo que dancem sozinhas
Como as pernas de uma galinha
Cuja cabeça pende para baixo
Um cravo mole
De seu pescoço. Estou girando

Tão vertiginosamente que as garrafas de cerveja e uísque
E os sacos desprovidos de gelo
Formam um grande lago líquido extático.
Quero correr para o escuro
Que nos embala. Passando os tragos
Vermelhos dos cigarros inalados,
Passando os juncos altos nos quais alguns homens
Seguem o vau e o canto que chega até nós
Do outro lado do muro do pátio.

Na praça no início desta noite
Fogos de artifício tão perto por cima
Que poderíamos tocá-los
No caminho de volta. O povo
Estava comendo algodão-doce e milho assado
Cantando *No vale nada la vida*
la vida no vale nada,
Rostos pintados feitos *calaveras*.
Luís está chorando? Não — mas a maquiagem

Risca seu rosto como papel de jornal
Molhado de chuva.
Fechei meus olhos um momento atrás.
Agora a luz do dia está à beira de levantar-se
Em seus próprios pés, feito um convidado
Que está a noite inteira sentado
acompanhando a música viva.

Thirst

The old man they called Bagre
Who welcomed us with food
And rice-paper cigarettes
At the table outside his cabin
Was the one who told the soldiers
To sit down. They were drunk.
They'd seen the plates on our car
From the road and came to where
You and I and Bagre and his son
Sat laughing. I must have been
Drunk myself to laugh so hard
At what I didn't understand.

It was night by then. We smoked
To keep off the mosquitoes.
There was fish to eat—nothing but fish
Bagre and the other men caught.
The two little girls I'd played with
Were asleep in their hammocks.
Even Genny and Manuel,
Who rode with us and waited
While we hurried out of our clothes
And into those waves the color
Of atmosphere.

Before the soldiers sat down,
They stood there, chests ballooned.
When we showed them our papers,
They wanted something else.
One of them touched the back of my leg.
With your eyes, you told me
To come beside you. There were guns
 Slung over their shoulders
Like tall sticks. They stroked them
Absently with their fingers.

Their leader was called Jorge.
I addressed him in the familiar.
I gave him a half-empty bottle
Of what we were drinking.
When it was empty, I offered to fill it
With water from the cooler.
He took a sip, spat it out
And called you by your name.
I didn't want to see you
Climb onto that jeep of theirs—so tall
And broad it seemed they'd ridden in
On elephants yoked shoulder to shoulder,
Flank to flank.

Maybe this is a story
About the old man they called Bagre.
The one with the crooked legs

That refused to run.
Maybe this is a story about being too old
To be afraid, and too young not to fear
Authority, and abuse it, and call it
by its name, and call it a liar.
Or maybe it's a story about the fish.
The ones hanging on branches
To dry, and the ones swimming
With eyes that would not shut
In water that entered them
And became them
And kept them from thirst.

Sede

O velho a quem eles chamam Bagre
O que nos acolheu com comida
E cigarro de papel de arroz
Na mesa fora da cabine
Ele foi o que disse aos soldados
Sentem. Eles estavam bêbedos.
Eles tinham visto as placas do nosso carro
Da estrada e chegaram onde
Tu e eu e Bagre e seu filho
Estávamos sentados rindo. Eu também deveria
Estar bêbeda, rindo tanto
Do que não entendia.

Nessa altura já era noite. E nós fumávamos
Para nos mantermos longe dos mosquitos.
Havia peixe para comer — nada além de peixe
Que Bagre e os outros homens pescaram.
As duas meninas com quem eu brincava
Dormiram em suas redes.
Mesmo Genny e Manuel,
Que andavam conosco e esperavam
Enquanto nós, apressados, tirávamos as roupas
E entrávamos nas ondas cor
De ambiente.

Antes de os soldados se sentarem
Eles ficaram lá, peitos inchados.
Quando mostramos nossos documentos,
Eles queriam algo mais.
Um deles tocou-me atrás da perna.
Com teus olhos, tu disseste
Para vir até teu lado. Havia armas
Penduradas nos ombros
Feito altas varas. Eles as acariciavam
Distraidamente com seus dedos.

Seu chefe se chamava Jorge.
Dirigi-me a ele de modo informal.
Eu lhe dei uma garrafa pela metade
Do que estávamos bebendo.
Quando estava vazia, eu lhe ofereci para enchê-la
De água da caixa térmica. Tomou um gole, cuspiu fora,
E lhe chamou pelo nome.
Eu não queria te ver
Subindo no jipe deles — tão alto
E largo que parecia que eles tinham montado em
Elefantes atrelados ombro a ombro,
Flanco a flanco.

Talvez esta seja uma história
Sobre o velho chamado Bagre.
Esse com pernas tortas
Que se recusou a fugir.

Talvez esta seja uma história sobre ser demasiado velho
Para ficar com medo, e jovem demais para não temer
Autoridade, e a desacata, chamando-a
Pelo nome, e lhe chama de mentirosa.
Ou talvez seja uma história sobre os peixes.
Esses pendurados nos galhos
Para secar, e os outros nadando
Com olhos que nunca fechariam
Na água que neles entrou
E neles se tornou
E os protegeu da sede.

Gospel: Manuel

There's a story told here
By those of us who daydream
To the music of crystal and steel.

We brought it down
From mountains built of fog
Where we left the girls we married

And old men married to the earth.
We fed on it when there was nothing.
From hunger, it grew large.

And from that dark spot low in each of us
Where alone we disappear to, breathing
The cool nothing of night, letting the city

Farther inside with each siren bleat
Each assault of neon light, grounding
Ourselves to this world with one hand

Under the head, the other invisible—
From that spot it became a woman.
Part mother, part more.

We learnt it by heart

So that each time one of us told it,
He told it tasting smoke and corn

And the red earth dug up
By gangs of faithless dogs.
He told it in barely a voice at all,

Almost not wanting to believe.

Gospel: Manuel

Há uma história contada aqui
Por aqueles de nós que sonha acordado
Com a música de cristal e aço.

Nós a trouxemos para baixo
Das montanhas feitas de nevoa
Onde deixamos as meninas com quem casamos

E os velhos casados com a terra.
Nós nos alimentamos delas quando não havia nada.
Da fome, ela cresceu.

E daquele ponto escuro baixo em cada um de nós
Onde sozinhos desaparecemos, respirando
O fresco nada de noite, deixando a cidade

Mais para dentro com cada berro de sirene,
Cada ataque de luz néon, ligando
Nos a este mundo com uma mão

Em baixo da cabeça, a outra invisível—
Deste ponto ela torna-se uma mulher.
Parte mãe, parte mais.

Aprendemos-na de cor
Tal que cada vez que um de nós contava,
Contava saboreando fumaça e milho

E a terra vermelha desterrada
Por gangues de cães sem fé.
Ele a contava em quase voz nenhuma,

Quase sem querer acreditar.

Gospel: Miguel (El Lobito)

My brother shook me awake
And handed me our father's
Hunting gun. I followed him

To the hill that sits between towns.
Below: all of ours
And all of theirs, racing around

Like two teams
After a leather ball.
It was a war, he told me.

Whoever won
Would go into the woods
And take whatever grew.

That night, we sat on the hill
Watching the fires burn.
They'll still be slaves,

He said. Nothing
That means anything
Has changed.

Gospel: Miguel (El Lobito)

Meu irmão me acordou, sacudindo
E deu-me o fuzil de caça
De nosso pai. Eu o segui

Até a colina situada entre as vilas.
Em baixo: todos os nossos
E todos os deles, corriam por aí

Como duas equipes
Perseguindo uma bola de couro.
Era uma guerra, ele me disse.

Quem ganhasse
Entraria no bosque
E levaria o que estava lá.

Esta noite, sentamos na colina
Mirando os fogos queimando.
Eles ainda serão escravos,

Ele disse. Nada
Que significa algo
Havia mudado.

Mangoes

The woman in a blouse
The color of daylight
Motions to her daughter not to slouch.
They wait without luggage.
They have been waiting
Since before the station smelled
Of cigarettes. Shadows
Fill the doorway and fade
One by one
Into bloated faces.
 She'd like to swat at them
Like the lazy flies
That swarm her kitchen.

She considers her hands, at rest
Like pale fruits in her lap. Should she
Gather them in her skirt and hurry
Down the tree in reverse, greedy
For a vivid mouthful of something
Sweet? The sun gets brighter
As it drops low. Soon the room
Will glow gold with late afternoon.
Still no husband, face creased from sleep,
His one bag across his chest. Soon

The windows will grow black. Still
No one with his hand always returning
To the hollow below her back.

Desire is a city of yellow houses
As it surrenders its drunks to the night.
It is the drunks on ancient bicycles
Warbling into motionless air,
And the pigeons, asleep in branches,
That will repeat the same songs tomorrow
Believing them new. Desire is the woman
Awake now over a bowl of ashes
That flutter and drop like abandoned feathers.
It's the word *widow* spelled slowly in air
With a cigarette that burns
On its own going.

Mangas

A mulher numa blusa
Cor do dia
Indica à sua filha que não se desleixe.
Elas esperam sem bagagem.
Elas estão esperando
Desde antes da estação cheirar
A cigarro. Sombras
Enchem a entrada e desvanecem
Uma a uma
Nos rostos inchados.
Ela gostaria de espantá-los
Como as moscas preguiçosas
Que pululam sua cozinha.

Ela observa suas mãos, quietas
Como frutas pálidas em seu colo. Deveria
Recolhê-las em sua saia e se apressar
Em descer da árvore em retorno, ávida
Por uma boca vívida de algo
Doce? O sol fica mais brilhante
à medida que cai. Em breve, a sala
ficará dourada com o final da tarde.
Ainda nenhum marido, rosto vincado de sono,
Seu único saco atravessando o peito. Logo

As janelas irão se tornar escuras. Ainda
Ninguém fará com que sua mão volte sempre
Ao oco de suas costas.

Desejo é uma cidade de casas amarelas
Entregando seus bêbados à noite.
São os bêbados em bicicletas antiquíssimas
Gorjeando no ar paralisado,
E os pombos, dormindo nos ramos,
Que repetirão as mesmas canções amanhã
Pensando que são novas. Desejo é a mulher
Acordada agora sobre uma tigela de cinzas
Que flutuam e caem como penas abandonadas.
E a palavra *viúva* lentamente soletrada no ar
Com o cigarro queimando
Sua própria perda.

Appetite

It's easy to understand that girl's father
Telling her it's time to come in and eat.
Because the food is good and hot.
Because he has worked all day
In the same shirt, unbuttoned now
With its dirty neck and a patch
With his name on the chest.

The girl is not hungry enough
To go in. She has spent all day
Indoors playing on rugs, making her eyes
See rooms and houses where there is only
Shadow and light. She knows
That she knows nothing of the world,
Which makes the stoop where she kneels
So difficult to rise from.

But her father is ready to stuff himself
On mashed potatoes and sliced bread,
Ready to raise a leg of chicken to his lips,
Then a wing; to feel the heat enter through his teeth,
Skin giving way like nothing else
Will give way to him in his lifetime.

He's ready to take a bite
Of the pink tomatoes while his mouth
Is still full with something else,
To hurry it down his throat
With a swig of beer, shrugging
When his wife says, *You're setting
A bad example.* It doesn't matter—
Too many eyes without centers
For one day. Too many
Dice, cards, dogs with faces like sharks
Tethered to chains. It gives him
An empty feeling below his stomach,
And all he can think to call it
Is appetite. And so he will lie
When he kisses his napkin and says
Hits the spot, as his daughter will lie
When she learns to parrot him,
Not yet knowing what her own appetite
Points to.

Apetite

E fácil entender que o pai da menina
Está chamando-a para comer.
Porque a comida está bem quente.
Porque ele trabalhou o dia inteiro
Com a mesma camisa, desabotoada agora
Com o colarinho sujo e um remendo
Com seu nome no peito.

A menina não tem fome o bastante
Para entrar. Ela passou o dia inteiro
Dentro de casa brincando nos tapetes, forçando seus olhos
A ver quartos e casas onde só
Há sombra e luz. Ela sabe
Que não sabe nada de mundo,
Isso a torna tão difícil de levantar
Do batente onde estava ajoelhada.

Mas o pai está pronto para se encher
De purê de batata e de pão fatiado,
Pronto para levar uma perna de frango a seus lábios,
Depois uma asa; sentir o calor entrando entre os dentes,
A pele cedendo como nada mais
Vai ceder a ele no resto da vida.

Está pronto para dar uma mordida
No tomate cor-de-rosa enquanto sua boca
Ainda está cheia de outra coisa,
Para apressar-lo pela garganta
Com goles de cerveja, encolhendo os ombros
Quando sua mulher disse, Você está dando
Um mau exemplo. Não importa—
Olhos demais sem foco
Para um só dia. Demasiados
Dados, cartas, cães com caras de tubarões
Presos nas correntes. Isto dá-lhe
Uma sensação de vazio abaixo do estomago,
E só o que ele pode pensar de chamar
De apetite. Então vai mentir
Quando beijando o guardanapo ele diz
Cheguei ao meu ponto, como vai mentir sua filha
Quando aprender a papagaiá-lo,
Não sabendo ainda para onde aponta
O apetite dela.

Credulity

We believe we are giving ourselves away,
And so it feels good,
Our bodies swimming together
In afternoon light, the music
That enters our window as far
from the voices that made it
As our own minds are from reason.

There are whole doctrines on loving.
A science. I would like to know everything.
About convincing love to give me
What it does not possess to give. And then
I would like to know how to live with nothing.
Not memory. Not the taste of the words
I have willed you whisper into my mouth.

Credulidade

Acreditamos estar a nos doar,
E por isso, sinta-se bem,
Nossos corpos nadando juntos
Na luz da tarde, a música
Que entra em nossa janela tão longe
Das vozes que a fizeram
Como nossas mentes estão da razão.

Têm doutrinas inteiras sobre amar.
Uma ciência. Gostaria de saber tudo.
Sobre como convencer o amor a dar-me
O que não possui para dar. E então
Gostaria de saber como viver com nada.
Nem memória. Nem o sabor das palavras
Que eu te obriguei a suspirar na minha boca.

A hunger so honed

Driving home late through town
He woke me for a deer in the road,
The light smudge of it fragile in the distance,

Free in a way that made me ashamed for our flesh—
His hand on my hand, even the weight
Of our voices not speaking.

I watched a long time
And a long time after we were too far to see,
Told myself I still saw it nosing the shrubs,

All phantom and shadow, so silent
It must have seemed I hadn't wakened,
But passed into a deeper, more cogent state—

The mind a dark city, a disappearing,
A handkerchief
Swallowed by a fist.

I thought of the animal's mouth
And the hunger entrusted it. A hunger
So honed the green leaves merely maintain it.

We want so much,
When perhaps we live best
In the spaces between loves,

That unconscious roving,
The heart its own rough animal.
Unfettered.

The second time,
There were two that faced us a moment
The way deer will in their Greek perfection,

As though we were just some offering
The night had delivered.
They disappeared between two houses,

And we drove on, our own limbs,
Our need for one another
Greedy, weak.

Uma fome tão afiada

Voltando para casa tarde pela cidade
Ele me despertou sobre um cervo na estrada,
A leve mancha dele frágil na distância,

Livre de tal maneira que eu fiquei envergonhada...
Sua mão na minha mão, mesmo o peso
de nossas vozes em silêncio.

Eu observei um longo tempo
E um longo tempo depois ficamos demasiado distantes para ver,
Eu disse a mim mesma que ainda o vi enfiando o nariz nos arbustos,

Todo fantasma e sombra, tão silencioso
Parecia que eu nunca havia despertado,
Mas tinha passado por um estado mais profundo, convincente...

A mente, uma cidade escura, um desaparecimento,
Um lençol
Engolido pelo punho.

Pensei na boca do animal
E na fome que lhe foi confiada. Uma fome
Tão afiada que as folhas verdes apenas lhe mantinham.

Nós queremos tanto,
Enquanto talvez vivemos o melhor
Nos espaços entre amores,

Essa errância inconsciente,
O coração, seu próprio animal rude.
Sem algemas.

    A segunda vez,
Havia dois enfrentando-nos por um momento
Como fazem os cervos em sua perfeição grega,

Como se fôssemos uma mera oferta
Que a noite entregou.

Eles desapareceram entre duas casas,

E continuamos, nossos próprios membros,
Nossas necessidades um do outro
Fracos, insaciáveis.

Bright

> *One night as Prince Henry of Portugal lay in bed it was revealed to him that he would render a great service to our Lord by the discovery of the said Ethiopias.*
> *--Duarte Pacheco Pereira, Portuguese explorer, 1506*

The catfish in the kitchen
Drift toward the concave horizon
Of the steel bowl, where they sleep,
Drunk now, surely, on cognac,

Honey, green onion. And I hate
The way my teeth rehearse that ceremony.
How my tongue, greedy mollusk,
Flexes in the basin of my mouth.

When the first fair ankles
Waded unto shore on Cape Bianco,
The men balanced above them
Blinked black sweat.

Weeks of salt fish,
Wine, and wind
Like a wife who's glimpsed
Her rival had unsteadied them,

So they weren't sure
At first that what they saw
Wasn't simply the mind
Telling them *Enough*

Or whether it was true.
Lean bodies. Shadows
Incarnate with a grace
Both dark and bright.

As though the world
Were showing off. Black.
Like sable. Like the deep
Center of the darkest fruit,

The first fig. Primordial.
Not sin—not yet—
But satisfaction. Black
As the space between stars,

Distance not fathomed.
Fearsome. Like the restless waves
They'd fought against,
Risk and promise at once.

At first sight
Of those bodies,
Like mine
Or any other—

No: like mine
But intact—why
Did those men,
Asway that entire day,

Seadrunk,
On parched land,
Not think:
The Lord is Grand.

Why was that riddle
Not something
They knelt to? Why,
Instead, did they take it as sign

That their want
Should lead them?
The riddle
Doesn't go away.

Even as I push my fork
Into the belly of each
Sleeping fish,
Testing for give, tasting

That distant dream
Of watery flight,
I wonder if you—
Your language of vowels,

Blood that whispers
Back to sails atilt
On some horizon,
Back to men like that—

And I—whose work
Tonight will be
Only to offer—
I wonder if you and I

Have not, perhaps,
Beheld one another—
Flash of teeth, trickle
Of adrenaline—

Elsewhere, and
Before.

Claro

> *Uma noite, enquanto o Príncipe Henriques de Portugal estava na cama foi revelado que ele prestaria um grande serviço ao Senhor pela descoberta dos ditos Etíopes.*
>
> --Duarte Pacheco Pereira, explorador português, 1506

Os bagres na cozinha
Derivam ao horizonte côncavo
Da tijela de aço, onde eles dormem,
Bêbedos agora, sem dúvida, de conhaque,

Mel e cebola verde. E eu detesto
Como meus dentes ensaiam esta cerimônia.
Como minha língua, molusca gulosa,
Flexiona na bacia de minha boca.

Quando os primeiros tornozelos claros
Vagavam até a costa de Cabo Branco,
Os homens equilibrando-se sobre eles
Piscavam suor negro.

Semanas de peixes salgados,
Vinho, e vento
Como fosse uma mulher que avistasse
Sua rival, lhes deixassem instáveis,

Tal que não tinham certeza
No início que o que eles viam
Não era simplesmente a mente
Dizendo a eles Basta

Ou que fosse verdade.
Corpos esbeltos. Sombras
Encarnadas com graça,
Uma graça escura e clara.

Como estivesse o mundo
Exibindo-se. Negro.
Como ébano. Como profundo
Interior da fruta mais escura,

O primeiro figo. Primordial.
Pecado não--ainda não—
Mas satisfação. Negro
Como o espaço entre os astros

Distância não medida.
Terrível. Como os ondas inquietas
Contra as quais lutavam,
Risco e promessa a um só tempo.

Na primeira vista
Destes corpos,
Como o meu
Ou qualquer outro—

Não: como meu
Mas intacto—por que
Esses homens,
Sacolejando o dia inteiro,

Bêbados do mar,
Na terra seca,
Não pensavam:
O Senhor é Grande.

Porque esse enigma
Não era algo
Frente ao qual eles ajoelhavam? Por que,
Ao envés, eles tomaram como sinal

Que seus desejos
Deveriam ser seguidos?
O enigma
Não vai embora.

Mesmo enquanto eu empurro meu garfo
Na barriga de cada
Peixe dormindo,
Provando a maciez, saboreando

Esse sonho distante
Do- voo aquático,
Eu me pergunto se você—
Sua linguagem das vogais,

Sangue que suspira
As velas pandas
No horizonte qualquer,
Aos homens como esses—

E eu—cujo trabalho
Nesta noite será
Somente oferecer—
Eu me pergunto se você e eu

Já não tínhamos, talvez,
Nos avistado antes—
O clarão dos dentes, um fio
De adrenalina—

Noutro lugar e
Antes.

Minister of Saudade

> *The famous saudade of the Portuguese is a vague and constant desire for something that does not and probably cannot exist, something other than the present, a turning towards the past or towards the future; not an active discontent or poignant sadness, but indolent dreaming wistfulness.*
> *--*A.F.G. Bell, *In Portugal*

1.
The water is full of blue paint
From all the little fishing boats
Corralled for Sunday, abob in the breeze.
What kind of game is the sea?

Lap and drag. Crag and gleam.
That continual work of wave
And tide, like a wet wind, blowing
The earth down to nothing.

Our lives are small. And mine
Is small and sharp. I try to toss it
Off into the distance, forget it
For good. Then my foot steps down

Onto an edge and it's mine again,
All prick and spine. Like a burr

Deep in winter fur. And I am
Most certainly that bear. Famished,

Just awake to spring, belly slack,
Eyes still weak to the light. And where's
My leash, my colored ball? Where
Are the little fish I'm to catch in the air?

The sky here is clear of cloud and bird,
Just the sun blaring steadily through ether.
What moves is invisible. Like music.
I move in it, into it. It feels

Like nothing, until it lets me go.

2,
An old woman and a boy sit in a doorway
At the top of the hill in Pelourinho. Her mouth
Chews the corner of a towel like an engine,
Churning its way towards progress. Industry.

That's one way of describing how she moves
From table to table with just her eyes, looking
From what she wants to you and back again
While the boy sleeps. His shirt asks, *Quem*

Tem jesus no ♥ ? And you remember those old
Drawings of Christ with his hand raised to knock

Against a shut door, that look of transcendent patience
Bathing his face. This woman wants your beer,

And she rises to her feet to prove it. The boy's head
Rolls back against the wall and his mouth
Hangs wide, like the hinges have sprung. Life rises
And falls under his shirt. Maybe his heart is so full

It will keep him from waking before the woman's
Good and drunk. Maybe the beer goes straight in
Like a spirit, luring her mind elsewhere, free as the voices
That float above the top of Pelourinho and out to sea,

Some of them beg without cease. Some are singing.

3.
Igor, I wake in my hotel
And hear your steps
Disappearing down the corridor.

You, rushing away again
Into some small kitchen
On the far side of the city.

There's the fan, slicing the air
And sending it back, like a letter
Long with impossible promises.

But I'm happy alone, I say to the woman
Beside me at the bar. We drink long
Into the evening, taking hours

To clarify the simplest ideas.
She writes *macumba*—witchcraft—
On my napkin. Music drowns out the sea.

Deliver us from memory.

Ministro da saudade

> *A famosa saúde dos portugueses é um vago e constante desejo por algo que não existe e provavelmente não pode existir, algo diferente do presente, uma volta ao passado ou ao futuro; uma melancolia sonhadora e indolente.*
> A.F. G. Bell, *In Portugal*

1.
A água está cheia de tinta azul
De todos os pequenos barcos de pescadores
Encurralados pelo domingo, boiando na brisa.
Que tipo de jogo é o mar?

Bate e arrasta. Penhasco e cintila.
Esse trabalho contínuo da onda
E da maré, como um vento molhado, demolindo
A terra até nada.

Nossas vidas são pequenas. A minha
É pequena e aguda. Eu tento jogá-la
Para longe, esquecer
Para sempre. Em seguida, meu pé desce

A uma escarpa e é minha de novo
Tudo espinha. Como um cardo
Entranhado na pele do inverno. Eu sou
Sem dúvida esse urso. Faminto,

Despertado para a primavera, barriga vazia,
Olhos ainda fracos para a claridade. E onde está
Minha coleira, minha bola colorida? Onde
Estão os pequenos peixes que eu deveria pegar no ar?

O céu aqui é limpo de nuvem e ave,
Só o sol brilhando constante através do éter.
Que se move e é invisível. Como música.
Eu me movo nele, por dentro. Sem sentir

Nada, até que me deixam ir.

2.
Uma velha e um menino sentam-se numa porta
No topo da colina no Pelourinho. A boca dela
Mastiga a borda de uma toalha como um motor,
Agitando seu caminho para o progresso. Indústria.

Isto é um modo de descrever como ela se move
De mesa em mesa só com os olhos, mirando
No que ela quer até você, e retorna
Enquanto o menino dorme. Sua camisa pergunta, *Quem*

Tem jesus no ♥ *?* E você lembra desses velhos
Desenhos de Cristo com a mão a bater
Contra uma porta fechada, esse olhar de paciência transcendente
Banhando seu rosto. Essa mulher quer sua cerveja,

E ela fica de pé para lhe provar. A cabeça do menino
Rola contra a parede e sua boca
Fica aberta como se fosse dobradiças quebradas. A vida sobe
E desce embaixo da camisa. Talvez seu coração seja tão cheio

Que o impedirá de acordar antes que a mulher fique
Bem bêbada. Talvez a cerveja entre direto
Como um espírito, atraindo sua mente para outro lugar, livre como
as vozes
Que pariam sobre o topo do Pelourinho e para o mar aberto,

Alguns pedem sem parar. Outros cantam.

3.
Igor, eu acordo no meu hotel
E ouço seus passos
Desaparecendo no corredor.

Você, correndo para longe,
Correndo para alguma cozinha pequena
No lado distante da cidade.

Há um ventilador cortando o ar
Mandando-lhe de volta, como uma carta
Cheia de promessas impossíveis.

Mas eu estou em paz, digo à mulher
Ao meu lado no bar. Nós bebemos até
Alta noite, levando horas

Para esclarecer as ideias mais simples.
Ela escreve *macumba* — bruxaria —
No meu guardanapo. A música abafa o mar.

Livra-nos da memória.

From "Joy" III. Days like this, when I don't know

Days like this when I don't know
Whether it's worse being weighed down
By an umbrella I'm bound to lose, I wish
I could pick up the phone
And catch your voice on the other end
Telling me how to bake a salmon
Or get the stains out of my white clothes.

I wish I could stand at my window
Watching those other dark bodies
Moving back and forth through kitchens
Or climbing stairs, heavy
With the heaviness of the everyday,
And hear that long-distance phonograph silence
Between words like *salt* and *soak*. Sometimes

The phone will ring late at night
And I'll think about answering
With a question: *What's the recipe
For lasagna?* Sometimes the smoke
Off my own cigarette fools me, and I think
It's you running your hands
Along the dust-covered edge of things.

De "Alegria" III. Dias como estes, quando não sei

Dias como estes, quando não sei
Se é pior ser carregado
Com um guarda-chuva destinado a perder, queria
Que fosse possível pegar o telefone
E agarrar tua voz no fim da linha
Explicando-me como assar o salmão
Ou tirar as manchas de minhas roupas brancas.

Eu queria poder ficar na janela
Observando o vaivém dos outros
Corpos escuros nas cozinhas
Ou subindo escadas, pesados
Com o peso do cotidiano,
E escutar este fonográfico silêncio de larga escala
Entre palavras como *sal* e *salpicar*. Às vezes
O telefone toca altas horas da noite
E eu penso em responder
Com uma pergunta: *qual é a receita
Para a lasanha?* Às vezes a fumaça
Subindo de meu cigarro me engana, e eu penso
Que é você deixando suas mãos correndo
Nas beiradas empoeiradas das coisas.

From "Joy" IV. These logs, hacked so sloppily

These logs, hacked so sloppily
Their blond grains resemble overdone poultry,
Are too thick to catch.

I crumple paper to encourage the flame,
And for a brief moment everything is lit.

But the logs haven't caught,
Just seem to smolder and shrink
As the heat works its way to their center.

Getting to what I want
Will be slow going and mostly smoke.

Years ago during a storm,
I knelt before the open side
Of a blue and white miniature house,

Moving the dolls from room to room
While you added kindling to the fire.

It is true that death resists the present tense.
But memory does death one better. Ignores the future.
We sat in that room until the wood was spent.

We never left the room.
The wood was never spent.

De "Alegria" IV. Estas lenhas, cortadas tão bruscamente

Estas lenhas, cortadas tão bruscamente
Que suas fibras louras parecem aves tostadas
Muito grossas para pegar.

Eu amasso papel para incentivar a chama,
E por um breve momento tudo está aceso.

Mas as lenhas não pegam fogo,
Apenas chamuscam, encolhendo-se
Enquanto o calor está indo para o centro.

Para chegar ao que eu quero
Vai ser lento e principalmente fumaça.

Anos atrás, numa tempestade,
Eu ajoelhei em frente ao lado aberto
De uma casinha azul e branco,

Movendo as bonecas de um quarto para outro
Enquanto você adicionava gravetos ao fogo.

É verdade que a morte resiste ao tempo presente.
Mas a memória faz a morte melhor. Ignora o futuro.
Nós sentamos neste quarto até que a madeira ficasse gasta.

Nós nunca saímos do quarto.
A madeira nunca ficou gasta.

Cathedral Kitsch

Does God love gold?
Does He shine back
At Himself from walls
Like these, leafed
In the earth's softest wealth?

Women light candles,
Pray into their fistful of beads,
Cameras spit human light
Into the vast holy dark,

And what glistens back
Is high up and cold. I feel
Man here. The same wish
That named the planets.

Man with his shoes and tools,
His insistence to prove we exist
Just like God, in the large
And the small, the great,

And the frayed. In the chords
That rise from the tall brass pipes,
And the chorus of crushed cans

Someone drags over cobbles
In the secular street.

Catedral kitsch

Deus ama o ouro?
Ele rebrilha
A si mesmo das paredes
Como estas, folheado na riqueza
Mais suave da terra?

Mulheres acendem velas,
Rezam com o punho para dentro dos rosários.
Câmeras cospem luz humana
Para dentro de vasta escuridão sagrada,

E que cintila em retorno
É alto e frio. Eu sinto
O homem aqui. O mesmo desejo
que nomeou os planetas,

O homem com seus sapatos e ferramentas,
Sua insistência em provar que existimos
Exatamente como Deus, no máximo
E no ínfimo, o grande

E o desgastado. Nas cordas
Que sobem pelos altos tubos,
E o coro de latas esmagadas

Que alguém rasteja pelos pavimentos
De pedras da rua secular.

The United States Welcomes You

Why and by whose power were you sent?
What do you see that you may wish to steal?
Why this dancing? Why do your dark bodies
Drink up all the light? What are you demanding
That we feel? Have you stolen something? Then
What is that leaping in your chest? What is
The Nature of your mission? Do you seek
To offer a confession? Have you anything to do
With others brought by us to harm? Then
Why are you afraid? And why do you invade
Our night, hands raised, eyes wide, mute
As ghosts? Is there something you wish to confess?
Is this some enigmatic type of test? What if we
Fail? How and to whom do we address our appeal?

Os Estados Unidos dão-lhe as boas-vindas

Por que e pelo poder de quem você foi enviado?
O que você viu que queria roubar?
Por que toda essa dança? Por que seus corpos escuros
Bebem a luz até acabar? O que é que você está exigindo
De nossos sentimentos? Já roubou algo? Senão,
O que está pulando no seu peito?
Qual é a natureza da sua missão? Está buscando
Oferecer uma confissão? Você tem cumplicidade
Com outros que foram por nós levados ao prejuízo? Senão,
Por que está com medo? É porque você invade
Nossa noite, mãos ao alto, olhos vivos, mudo
Como assombração? Tem algo que você quer confessar?
Isso é algum tipo de prova enigmática? E se nós
Falharmos? Como e a quem dirigimos nosso apelo?

"I Killed You Because You Didn't Go to School and Had no Future"

> *Note left beside the body of nine-year-old Patricio Hilario, found in a Rio street in 1989.*

Your voice crashed through the alley
Like a dog with tin cans tied to its tail.

Idiot pranks. At the sight of your swagger
Old women prayed faster, whispered.

Their daughters yelled after you. Little shit.
Delinquent. You couldn't even read

What we wrote about kids like you. Today,
Heat wends up from the neighbor's houses

Like fear in reverse. Your uncle
Wears trousers and perspires

Into the seam of his shirt. His only belt
Is full of new holes and nearly circles you twice.

"Matei-te porque não foste para a escola e não tinhas futuro"

Nota encontrada ao lado do corpo de
Patrício Hilario, nove anos,
encontrada numa rua de Rio em 1989

Sua voz bateu ao longo do beco
Como um cão com latas amarradas ao rabo.

Brincadeiras idiotas. Em vista de teu gingado
Velhas aceleram suas rezas, suspirando.

As filhas delas gritavam atrás de ti. Pequena merda.
Delinquente. Tu nem poderia ler

O que nós escrevemos sobre garotos como tu. Hoje,
O calor sobe das casas dos vizinhos

Com pavor em reverso. Teu tio
Usa calças e transpira

Nas costuras de sua camisa. Seu único cinto
é cheio de novos buracos e quase te rodeo duas vezes.

Solstice

They're gassing geese outside of JFK.
Tehran will likely fill up soon with blood.
The Times is getting smaller day by day.

We've learned to back away from all we say
And, more or less, agree with what we should.
Whole flocks are being gassed near JFK.

So much of what we're asked is to obey—
A reflex we'd abandon if we could.
The Times reported 19 dead today.

They're going to make the opposition pay.
(If you're sympathetic, knock on wood.)
The geese were terrorizing JFK.

Remember how they taught you once to pray?
Eyes closed, on your knees, to any god?
Sometimes, small minds seem to take the day.

Election fraud. A migratory plague.
Less and less surprises us as odd.
We dislike what they did at JFK.
Our time is brief. We dwindle by the day.

Solstício

Estão matando gansos com gás no JFK.
Teerã vai se encher de sangue em breve.
The Times está diminuindo day by day.

Aprendemos a recuar de tudo que é lei
E concordar, assim, com que se deve.
Bandos inteiros gasificados no JFK.

Tanto que nos pedem para obedecer, eu sei—
Um reflexo do que queremos fugir de leve.
The Times informa que 19 morreram por sua fé.

Da oposição vão exigir que pague o replay.
(Se tu tens simpatia, não te atreve.)
Os gansos estavam aterrizando JFK.

Lembra como te ensinar a rezar uma vez?
Olhos fechados, ajoelhados, que Deus te teve?
Às vezes, mentes pequenas viram solidez.

Fraude na eleição. Peste migratório, em cada vez
Menos nos surpreendem com esse blefe.
Nós não gostamos do que fizerem no JFK.
Nosso tempo é breve. Ele nos reduzem day by day.

Unrest in Baton Rouge

After the photo by Jonathan Bachman

Our bodies run with ink-dark blood.
Blood pools in the pavement's seams.

Is it strange to say love is a language
Few practice, but all, or near all speak?

Even the men in black armor, the ones
Jangling handcuffs and keys, what else

Are they so buffered against, if not love's blade
Sizing up the heart's familiar meat?

We watch and grieve. We sleep, stir, eat.
Love: the heart sliced open, gutted, clean.

Love: naked almost in the everlasting street,
Skirt lifted by a different kind of breeze.

Inquietação em Baton Rouge

Após uma fotografia de Jonathan Bachman

Nossos corpos escorrendo sangue escuro como tinta.
Poças de sangue nas costuras da calçada.

É estranho dizer que amor é uma língua
Que poucos praticam, mas quase todos falam?

Mesmo os homens de armadura negra, esses
Tilintando suas chaves e algemas, contra o que

Eles estão tão resguardados, senão a lâmina do amor
Medindo a carne familiar do coração?

Olhamos e sentimos. Dormimos, movemo-nos, comemos.
Amor: coração cortado, desentranhado, limpo.

Amor: quase desnudo na rua eterna,
Saia levantada por um outro tipo de brisa.

Beatific

I watch him bob across the intersection,
Squat legs bowed in black sweatpants.

I watch him smile at nobody, at our traffic
Stopped to accommodate his slow going.

His arms churn the air. His comic jog
Carries him nowhere. But it is as if he hears

A voice in our idling engines, calling him
Lithe, Swift, Prince of Creation. Every least leaf

Shivers in the sun, while we sit, bothered,
Late, captive to this thing commanding

Wait for this man. Wait for him.

Beatífico

Eu o vejo atravessar a rua sacolejando-se,
Pernas agachadas, curvadas, em sua malha preta.

Eu vejo ele sorrindo para ninguém, para nosso transito
Parado para acomodar seu progresso lento.

Seus braços rodopiando no ar. Seu trote cômico
O leva para lugar nenhum. Mais é como se ouvisse

Uma voz nos nossos motores em marcha lenta, lhe chamando
Esbelto, Ágil, Príncipe da Criação. Cada folha miúda

Tremula ao sol, enquanto sentamos, aflitos,
Atrasados, cativos desta coisa comandando

Espera por isso homem. Espera por ele.

The Everlasting Self

Comes in from a downpour
Shaking water in every direction—
A collaborative condition:
Gathered, shed, spread, then
Forgotten, reabsorbed. Like love
From a lifetime ago, and mud
A dog has tracked across the floor.

O eu que dura

Entra de volta do aguaceiro
Sacudindo a chuva em todas as direções...
Uma condição colaborativa:
Acolhido, derramado, espalhado, então
Esquecido e reintegrado. Como o amor
De uma vida atrás, e o rastro
De lama que o cão deixa no chão da casa.

Song

I think of your hands all those years ago
Learning to maneuver a pencil, or struggling
To fasten a coat. The hands you'd sit on in class,
The nails you chewed absently. The clumsy authority
With which they'd sail to the air when they knew
You knew the answer. I think of them lying empty
At night, of the fingers wrangling something
From your nose, or buried in the cave of your ear.
All the things they did cautiously, pointedly,
Obedient to the suddenest whim. Their shames,
How they failed. What they won't forget year after year.
Or now. Resting on the wheel or the edge of your knee.
I am trying to decide what they feel when they wake up
And discover my body is near. Before touch.
Pushing off the ledge of the easy quiet dancing between us.

Canto

Penso em tuas mãos tantos anos atrás
Aprendendo a manobrar a lápis, ou tentando
Prender o casaco. As mãos em que tu sentavas na aula,
As unhas que tu roías sem pensar. A autoridade desajeitada
Com a qual elas navegavam no ar quando sabiam
Que tu sabias a resposta. Eu penso nelas repousadas vazias
À noite, nos dedos arrancando algo
Do nariz, ou enterrados na caverna do ouvido.
Todas as coisas que elas, cautelosamente, deliberadamente fizeram,
Obedientes ao mais súbito capricho. Suas Vergonhas.
Como eles falharam. O que eles não vão esquecer ano após ano.
Nem agora. Relaxado no volante ou na beirada do joelho.
Eu estou tentando decidir o que eles sentem quando despertam
E descobrem que meu corpo está perto. Antes do toque.
Empurrando para fora da borda, da dança fácil, tranquila, entre nós.

Hill Country

He comes down from the hills, from
The craggy rock, the shrubs, the scrawny
Live oaks and dried-up junipers. Down
From the cloud-bellies and the bellies
Of hawks, from the caracaras stalking
Carcasses, from the clear, sun-smacked
Soundlessness that shrouds him. From the
Weathered bed of planks outside the cabin
Where he goes to be alone with his questions.
God coms down along the road with his
Windows unrolled so the twigs and hanging
Vines can slap and scrape against him in his jeep.
Down past the buck caught in the hog-trap
That kicks and heaves, bloodied, blinded
By the whiff of its own death, which God—
Thank God—staves off. He downshifts,
Crosses the shallow trickle of river that only
Just last May scoured the side of the canyon
To rock. Gets out. Walks along the limestone
Bank. Castor beans. Cactus. Scat of last
Night's coyotes. Down below the hilltops,
He squints out at shadow: tree backing tree.
Dark depth the eye glides across, not bothering
To decipher what it hides. A pair of dragonflies

Mate in flight. Tiny flowers throw frantic color
At his feet. If he tries—if he holds his mind
In place and wills it—he can almost believe
In something larger than himself rearranging
The air. He squints at the jeep glaring
In bright sun. Stares awhile at patterns
The tall branches cast onto the undersides
Of leaves. Then God climbs back into the cab,
Returning to everywhere.

Sertões

Ele desce das colinas, da
Rocha escarpada, dos arbustos, dos carvalhos
Verdes americanos escassos e zimbros secos. Desce
Das barrigas de nuvens e das barrigas
De gaviões, dos caracarás perseguindo
Carcaças, de um claro silencio, batido pelo sol,
um silencio que o envolve. Da
Desgastada cama de plancha fora da cabine
onde ele fica sozinho com suas perguntas.
Deus desce ao longo das veredas com suas
Janelas abaixadas para que os galhos e videiras
Suspendidas possam bater e raspar contra ele em seu jeep.
Desce, deixando ao lado o cervo apanhado na armadilha de porco
Que chuta e empina, ensanguentado, cego
Pelo cheiro da sua morte, que Deus—
Graças a Deus--se afasta. Ele reduz a marcha,
Atravessa o riacho raso, um rio que só
no maio passado varreu a parede do cânion
Até a rocha. Sai, caminha à margem
Do calcário. Mamona. Cacto. Excrementos do
Coiote da noite passada. Embaixo dos topos das colinas
Ele avista as sombras: árvore após árvore.
A profundeza escura que o olho atravessa, sem se preocupar
Em decifrar o que ela esconde. Um par de libélulas

Acasalem em pleno voo. Flores miúdas lançam cores frenéticas
A seus pés. Se ele tenta—se ele mantém sua mente
Em seu lugar e se ele quer—quase pode acreditar
Em algo maior do que ele reorganizando
O ar. Ele mira para o jeep ofuscado
De sol fulgurante. Fita por um instante os padrões
Que os ramos altos projetam nas partes baixas
Das folhas. Então Deus sobe outra vez na cabine,
Voltando para todos os lugares.

When Your Small Form Tumbled Into Me

I lay sprawled like a big-game rug across the bed:
Belly down, legs wishbone-wide. It was winter.
Workaday. Your father swung his feet to the floor.
The kids upstairs dragged something back and forth
On shrieking wheels. I was empty, blown-through
By whatever swells, swirling, and then breaks
Night after night upon that room. You must have watched
For what felt like forever, wanting to be
What we passed back and forth between us like fire.
Wanting weight, desiring desire, dying
To descend into flesh, fault, the brief ecstasy of being.
From what dream of world did you wriggle free?
What soared—and what grieved—when you aimed your will
At the *yes* of my body alive like that on the sheets?

Quando tua pequena forma caiu em mim

Eu estava espalhada na cama como um tapete de caça grande:
Barriga para baixo, pernas estendidas como uma fúrcula. Era inverno.
Espírito de dia útil. Teu pai sacudia os pés no chão.
Os pequenos no andar de cima arrastavam algo para frente e para trás
Em roda, gritando. Eu estava vazia, arrebatada
Pelo turbilhão torrencial que depois se quebra
Noite após noite sobre o quarto. Você deveria ter observado
Que sentia ser para sempre, querendo ser
O que passaram de um para o outro como fogo.
Querendo peso, desejando o desejo, morrendo
Para descer em carne, erro, a breve extasia da existência.
De que sonho do mundo você se contorceu livre?
O que disparou — e o que sofreu — quando apontou sua vontade
Para o *sim* do meu corpo vivo assim nos lençóis?

.

Dock of the Bay

Oh, Otis—For so long I did not know
what you knew and sang so sweetly,
as of it were not piquant and heavy and bleak.

Fridays, my father crooned along, glass of amber
and ice in hand. I thought it was about ease,
the end of the week. Not the white world

snarling through its teeth. *Looks like
Nothing's gonna change.
Everything still remains the same.* No, Otis,

we are not lazy. We are not even particularly
angry. But look how we strain beneath steady
weather. Morning sun. Evening come. Otis--

Brother—the line of us shoulder to shoulder
under what will not go quietly into the ground.

Dique da baía

Ah, Otis, por tanto tempo eu não sabia
o que tu sabias e cantavas tão docemente,
como se não fosse pesado, picante e sombrio.

Às sextas-feiras, meu pai cantarolava junto, copo de âmbar
e gelo na mão. Pensei que fosse sobre sossego,
o fim de semana. Não o mundo branco

rosnando pelos dentes. *Looks like*
Nothing's gonna change.
Everything still remains the same. Não, Otis,

nós não estamos preguiçosos. Nós não estamos especialmente
furiosos. Mas olha como nos esforçamos sob nosso tempo
constante. Sol da manhã. A noite vem. Otis...

Irmão — a nossa linha ombro a ombro
sob o que não passa tranquilamente para dentro da terra.

Mothership

You cannot see the Mothership in space,
It and She being made of the same thing.

All our mothers hover there in the ceaseless
blue-black, watching it ripple and dim

to the prized pale blue in which we spin—
we who are Black, and you, too. Our mothers

Know each other there, fully and finally.
They see what some here see and call anomaly:

the way the sight of me might set off
a shiver in another mother's son: a deadly

silent digging in: a stolid refusal to budge:
the viral urge to stake out what on solid ground

is Authority, and sometimes also Territory.
Our mothers, knowing better, call it Folly.

Nave-Mãe

Não se pode ver a Nave-Mãe no espaço,
Ele e ela feitos da mesma coisa.

Todas as nossas mães pairam lá no azul-negro
incessante, olhando como ele encrespa e ofusca

Até o azul-claro primoroso em que nos giramos...
Nós, que somos Negros, e tu também. Nossas mães

Se conhecem lá, final e completamente.
Elas veem o que alguns aqui chamam de anomalia:

como avistar a mim pode provocar
arrepios no filho de outra mãe: escavação

silenciosa e fatal: uma recusa imperturbável de mover-se:
o ímpeto viral de estacar o que na terra dura

é Autoridade, e às vezes também Território.
Nossas mães, sabendo melhor, chamam-lhe Tolice.

Rapture

> *And, on a simpler level, I want you to look up at these things that are happening to Black people, not down— the way you would stare at the sun.*
> --Arthur Jafa

It was a stirring and a rising
like vapor. A gathering up
and a lifting off. And then
it was a swarm. All the many
coalescing as a form unified
in its going. Where? Like I said
up and off. A rapture.
Sometimes the light reversed
course, reaching into me.
A bright resonance, a flood
spilling down. But soon
it whorled, spun around, lifting
over the trees, over the scraped
stone tops of mountains
to disappear through a ring of sky.
I saw the shape of a woman
in a wide cotton dress lying
broken, or sleeping, or spent.
Lifted skyward into the distance
and disappearing. Dangling
a foot in the black wake
of history.

Arrebatamento

> *"E, num nível mais simples, é que eu quero que você olhe para cima para todas essas coisas que estão acontecendo ao povo Negro—e não para baixo—como você olharia para o sol."*
> --Arthur Jafa

Era um avivamento uma subida
Como um vapor. Uma congregação
E um elevar-se. E então
Era um enxame. Todos os muitos
Aderindo numa ordem unida
Em seu avanço. Aonde? Como já disse
Para cima e para fora. Um arrebatamento.
Às vezes a luz recuava,
Avançando dentro de mim.
Uma ressonância clara, uma enchente
alastrando-se. Mas logo
fez-se em espiral, girou-se, elevando-se
sobre as árvores, acima dos topos
de pedras raspadas das montanhas
para desaparecer por um anel do céu.
Eu vi a forma de uma mulher
Num vestido de algodão largo deitada
Quebrada, ou dormindo, ou gasta.
Elevada rumo ao céu para a distância
E desaparecendo. Pendurando
O pé na esteira preta
Da história.

I Ask for Someone Who Has Lived It, Any Part of It

She guards her face, keeps it her own.
When she turns and light grazes it,

all I can gather is light. Rise and swirl
presence in water. Downward tug.

Drag and lurch. God risen, shattered
into liquid patter. I ask what part of it

we are living now. I can't tell
if she has come forward to answer me

or if I am simply here, too, out beyond
the shallows. Red light of dusk,

and something—gold hot bright—
knifing the horizon.

Peço para alguém que tenha vivido isso, qualquer parte disso

Ela guarda o rosto, preservando-o como o seu.
Quando ela se vira e a luz lhe roça,

tudo que posso reunir é a luz. Sobe e rodopia
a presença na água. Reboque para baixo.

Arrasta e solavanca. Deus ascendido, estilhaçado
em respingos líquidos. Pergunto que parte disso

estamos vivendo agora. Não tenho certeza
se ela se apresentou para me responder

ou se eu estou simplesmente aqui, também, para além
da água rasa. Luz vermelha crepuscular,

e algo — ouro quente brilhante —
esfaqueando o horizonte.

An Old Story

We were made to understand it would be
Terrible. Every small want, every niggling urge,
Every hate swollen to a kind of epic wind.

Livid, the land, and ravaged, like a rageful
Dream. The worst in us having taken over
And broken the rest utterly down.

                                          A long age
Passed. When at last we knew how little
Would survive us—how little we had mended

Or built that was not now lost—something
Large and old awoke. And then our singing
Brought on a different manner of weather.

Then animals long believed gone crept down
From trees. We took new stock of one another.
We wept to be reminded of such color.

Uma velha história

Fomos levados a entender que seria
Terrível. Cada pequeno desejo, impulso insignificante,
Cada ódio inflado até formar-se um vento épico.

Lívida, a terra devastada, como um sonho
Raivoso. O pior em nós tinha tomado conta
E desmoronado completamente o resto.

                                                Uma longa idade
Passou. Quando finalmente sabíamos que tão pouco
Sobreviveria a nós — quão pouco havíamos consertado

Ou construído o que agora não era perdido — algo
Grande e velho despertou-se. E então nosso canto
Provocou um modo diferente do clima.

Então animais que acreditávamos estar há muito desaparecidos rastejaram
Das árvores. Fizemos um novo balanço uns dos outros.
Choramos ao sermos lembrados de tanta cor.

Ransom

When the freighters inch past in the distance
The men load their small boats. They motor out,
Buzzing like mosquitoes, aimed at the iron
Side of the blind ship as it creeps closer.

They have guns. They know the sea like it
Is their mother, and she is not well. Her fish
Are gone. She heaves barrels leaking disease
Onto the shores. When she goes into a fit,

She throws a curse upon the land, dragging
Houses, people to their deaths. She glows
In a way she should not. She tastes of industry.
No one is fighting for her, and so they fight.

By night, they load their boats and motor out,
And by day, they aim their guns at the ships,
Climbing aboard. It is clear what they want.
The white men scramble. Some fight back.

When one is taken, the whole world sits up
To watch. When the pirates fall, the world
Smiles to itself, thanking goodness. They
Show the black faces and the dead black bodies

On T.V. When the pirates win, after the great
White ships return to their own shores,
There is a party that lasts for days.

Resgate

Quando os cargueiros passam à distância
Os homens carregam seus barquinhos. Eles avançam motorizados,
Zumbindo como mosquitos, apontados para o lado
De ferro do navio cego rastejando próximo.

Eles têm armas. Eles conhecem o mar como se fosse
Sua mãe, e ela não está bem. Seus peixes
Se foram. Ela empina barris vazando doenças
Para a costa. Quando entra em crise,

Ela lança uma maldição sobre a terra, arrastando
Casas, pessoas a suas mortes. Ela brilha
De uma forma que não deveria. O sabor da indústria.
Ninguém luta por ela, por isso eles lutam.

Às noites, eles carregam seus barcos e saem,
E aos dias, eles apontam suas armas para os navios,
Abordando-os. É claro o que eles querem.
Os brancos se dispersam. Alguns revidam.

Quando um é preso, o mundo inteiro vira
Notícia. Quando os piratas caem, o mundo
Sorri para si mesmo, dando graças a Deus. Eles
Mostram os rostos negros e os corpos negros mortos

Na TV. Quando os piratas ganham, depois que os grandes
Navios brancos voltam aos seus portos,
Há uma festa que dura muitos dias.

Annunciation

I feel ashamed, finally,
Of our magnificent paved roads,
Our bridges slung with steel.
Our vivid glass, our tantalizing lights,
Everything enhanced, rehearsed,
A trick. I've turned old. I ache most
To be confronted by the real,
By the cold, the pitiless, the bleak.
By the red fox crossing a field
After snow, by the broad shadow
Scraping past overhead.
My young son, eyes set
At an indeterminate distance,
Ears locked, tuned inward, caught
In some music only he has ever heard.
Not our cars, our electronic haze.
Not the piddling bleats and pings
That cause some hearts to race.
Ashamed. Like a pebble, hard
And small, hoping only to be ground to dust
By something large and strange and cruel.

Anunciação

Sinto me avergonhada, finalmente,
De nossas rodovias magnificamente pavimentadas,
Nossas pontes de aço suspensas.
Nossos vidros vividos, nossas luzes fulgurantes,
Tudo aprimorado, ensaiado,
Um truque. Eu envelheci. Doí-me mais
Ser confrontada ao real,
Ao frio, ao impiedoso, ao sombrio.
À raposa vermelha atravessando o campo
Depois de neve, a esta sombra larga
Raspando por cima.
Meu jovem filho, olhos fixados
A uma distância indefinida,
Ouvidos bloqueados, sincronizados para dentro, presos
Por alguma música que só ele estava escutando.
Nem nossos carros, nem nossa nevoa eletrónica.
Nem os berros e plim-plins trívias
Que provocam alguns corações a correr.
Envergonhada. Como um seixo, duro
E pequeno, esperando ser moído até virar pó
Por algo grande e estranho e cruel.

We Feel Now a Largeness Coming On

Being called all manner of things
from the Dictionary of Shame—
not English, not words, not heard,
but worn, borne, carried, never spent—
we feel now a largeness coming on,
something passing into us. We know
not in what source it was begun, but
rapt, we watch it rise through our fallen,
our slain, our millions dragged, chained.
Like daylight setting leaves alight—
green to gold to blinding white.
Like a spirit caught. Flame-in-flesh.
I watched a woman try to shake it, once,
from her shoulders and hips. A wild
annihilating fright. Other women
formed a wall around her, holding back
what clamored to rise. God. Devil.
Ancestor. What Black bodies carry
Through your schools, your cities.
Do you see how mighty you've made us,
all these generations running?
Every day steeling ourselves against it.
Every day coaxing it back into coils.
And all the while feeding it.
And all the while loving it.

Nós sentimos agora uma amplitude chegando

Sendo chamado todo o tipo de coisas
Do Dicionário da Vergonha—
Nem inglês, nem palavras, não ouvidas,
Mas usados, superados, carregados, nunca gastas—
Sentimos agora uma amplitude chegando
Transfixando-nos. Não sabemos
De qual fonte isso se originou, mas
Arrebatados, vemo-lo subir através de nossos caídos,
Nossos mortos, nossos milhões arrastados, acorrentados.
Como a luz do dia deixando folhas acesas—
Do verde ao ouro ou branco incandescente.
Como um espírito preso. Chama-em-carne.
Eu vi uma mulher uma vez tentando sacudi-lo,
Pelos ombros e quadris. Um surto
Selvagem, aniquilador. Outras mulheres
Formaram um muro em volta dela, segurando
O que chamava para subir. Deus. Diabo.
Ancestre. O que corpos Negros carregam
Em sua escolas, suas cidades.
Vês quão poderoso nos fizeste,
Todos estas gerações seguindo?
Cada dia nos armando contra isto.
Cada dia trazendo o fio de volta à bobinha.
E todo tempo alimentando-o.
E todo tempo amando-o.

Wade in the Water

for the Geechee Gullah Ring Shouters

One of the women greeted me.
I love you, she said. She didn't
Know me, but I believed her,
And a terrible new ache
Rolled over in my chest,
Like in a room where the drapes
Have been swept back. I love you,
I love you, as she continued
Down the hall past other strangers,
Each feeling pierced suddenly
By pillars of heavy light.
I love you, throughout
The performance, in every
Handclap, every stomp.
I love you in the rusted iron
Chains someone was made
To drag until love let them be
Unclasped and left empty
In the center of the ring.
I love you in the water
Where they pretended to wade,
Singing that old blood-deep song
That dragged us to those banks

And cast us in. I love you,
The angles of it scraping at
Each throat, shouldering past
The swirling dust motes
In those beams of light
That whatever we now knew
We could let ourselves feel, knew
To climb. O Woods—O Dogs—
O Tree—O Gun—O Girl, run—
O Miraculous Many Gone—
O Lord—O Lord—O Lord—
Is this love the trouble you promised?

Rompendo águas

Para as gritadores do ring Geechee Gullah

Uma das mulheres me cumprimentou.
Eu te amo, ela disse. Ela não
Me conhecia, mais eu lhe acreditava
E uma nova dor terrível
Rolou em meu peito,
Como num quarto em que as cortinas
Foram recolhidas. Amo-te,
Amo-te, enquanto ela continuo
Pelo corredor, passando por outros estranhos,
Cada um sentindo-se subitamente transpassado
Por pilares de luz pesada.
Amo-te, durante
Toda a performance, em cada
Bater de palmas, cada pisada.
Te amo nas correntes de ferro
Enferrujadas que alguém foi forçado
A arrastar até que o amor as deixasse
Desapertadas e fossem largadas
No centro de ring.
Amo-te na água
Onde simulam andar,
Cantando a canção de profundo sangue
Que nos arrastou para esses bancos

Lançando-nos para dentro. Amo-te,
Os ângulos dela raspando em
Cada garganta, ombreando atravessando
As grãos de poeira giratória
Nesses feixes de luz
Que tudo que sabemos agora
 É que podemos nos deixar sentir, sabíamos
Subir. Oh floresta—Oh caos—
Oh arvore—Oh Menina, corre—
Oh Milagrosos Tantos Que Se Foram—
Oh Senhor—Oh Senhor—Oh Senhor—
Este amor é o peso que você nos prometeu?

"You Certainly Have the Right to Your Thoughts in this Minefield"

All that's dammed-up
in your head, hammered
by the whitewater current
of your knowing better—

the daily small breach,
no matter how subtle evolved
long-suffering enlightened
you believe you are, I've

heard it before. I live here,
a survivor thus far
of the American War
waged in train cars

as in grocery stores
bank lobbies elevators
airplane galleys boutiques
and the velvet seats

of theaters. In my home
occasionally, or yours,
you let go your guard.
You dig into your right

to phrases, words
white sharp blades
that jab and nick
and then—so neat—

retract-taken back.

*In my grandfather's day
you boys
wouldn't have been
allowed across that bridge.*

You've answered
too long your own questions
about the long line
of men women dark children

your people's people's people
thought they knew. The only
river that has ever mattered
rages on today. Its lone bridge

Sways beneath the age-old weight.
Is it too late for us, for you?

"Certamente você tem direito a seus pensamentos neste campo minado"

Tudo isto está represado
em sua cabeça, martelando
pela corrente de água branca
de seu saber melhor—

a pequena transgressão diária,
não importa qua sutil envolvido,
longânimo, iluminado
que você pensa ser, eu

já ouvi isso. Eu moro aqui,
sobrevivente até agora
da Guerra Americana
guerreada em vagões de trens

como em mercearias
lobbies de bancos, elevadores,
corredores dos aviões, boutiques,
e os assentos de veludo

dos teatros. Em minha casa
de vez em quando, ou na sua,
você abaixa a guarda.
Você se apega a seu direito

às frases, palavras
laminas brancas afiadas
que estocam e rasuram
e agora—tão arrumadas—

retiradas de volta.

Nos dias de meu avô
vocês meninos
não seriam autorizados
a atravessar aquela ponte.

Você respondeu
por tempo demais a suas próprias perguntas
sobre a longa fila
de homens mulheres meninos escuros

que seus povos de povos e povos
pensaram conhecer. O único
rio que jamais importa
se enfurece ainda hoje. Sua única ponte

balança sob um peso antigo.
É tarde demais para nós, para você?

Vision

I watched from the earth,
low in dry grass, trying
not to breathe, blink or stir.
Gray mist spilt from the lips
of men dressed like Pilgrims, like Custer,
like Mounties. I don't know when
I was. Or where. Everywhere,
everywhen, was the point.
Dark morning or late day, I
watched continents reunite,
watched mountains kiss and blur.
All that had been severed
was married back to itself.
Deep seams of reunification
scarred the whole of the earth,
the error of division mended—
or else it was time itself I saw,
rolling forward and back. I saw
white men unloading figures
from ships, trucks, crates. Efficient
and perfunctory, like art handlers,
only the bodies were living: bound
at the wrists, iron complicating
their necks. I strained to watch

and comprehend the system, its
logics, these agents operating

in obedience to mechanics
and nothing more. How do I say
that what I was shown I saw
from farther away than a body will
ever go? Past history and argument.
Past victors and vanquishment.
Up and off. Or down and in
to the trillion atoms swirling in
every cell. Inarguable. Under
a tent in June, a whole clan
of giddy families gathered one
buggy night. Bonfire light. I was
watching from tall grass and then—
So soon? But how?—from a tree's
high bough, strung up, swaying
to the mob's intention, that old
familiar song all know or come to learn.
Before I could ache or yell, I swept
past the stars I recognize, past
the edges of this or any night,
past the clamor of humankind
until I was no longer alone, and
it was not for my own body that I cried.
Not for vengeance or mercy. Not
for any single sin, nor any blood spilt

that was not all blood. For the moan
wrung from all throats and all men
all seasons on earth. By which I mean:
Divine was the grief. The whole
unceasing universe gathered to watch
and ache as the earth whirred and spun
in its place, as the families packed up,
the armies dispersed, the rivers
swole and overflowed their banks.

Visão

Eu observava a partir da terra
Espreitando na erva seca, tentando
Não respirar, piscar ou mexer.
A nevoa cinzenta escorreu dos lábios
Dos homens vestidos como Peregrinos, como Custer,
Como Mounties. Não sei quando onde.
Eu era. Ou em todos os lugares,
Em todos os quandos, era o ponto.
Manhã escura ou tarde do dia,
Vi continentes se reunirem,
Vi montanhas se beijarem e borrarem.
Tudo o que tinha separado
Era recasado de volta para si mesmo.
Profundas costuras de reunificação
Marcaram todo a terra,
O erro de divisão remendada—
Ou talvez foi o tempo mesmo que eu vi,
Rolando para frente e para trás. Eu vi
Homens brancos descarregando figuras
De navios, caminhões, caixotes. Eficientes
E perfunctórios, como manejadores de arte,
Só que os corpos estavam vivos: amarrados
Nos pulsos, ferros embaraçando
Seus pescoços. Eu me esforçava para ver

E compreender o sistema, sua
Logica, esses agentes operando

Obedientes a mecânica
E nada mais. Como posso dizer
Que o que me foi mostrado eu vi
Mais de longe que um corpo jamais
Ira? Para além da história e da argumentação.
Além dos vitoriosos e conquistados.
Para cima e para fora. Ou para baixo e para dentro
Até um trilhão de átomos girando em
Cada célula. Indisputável. Sobe
Uma tenda em junho, um clã inteiro
De famílias tontas se reuniu
Numa noite de insetos. Luz de fogueira.
Olhando a partir das ervas altas e então—
Tão rápido? Mas como?—de um ramo
Alto de arvore, pendurada, balançando
Sob a intenção da turba, essa velha
Cantilena familiar que todos já sabem ou vão aprender.
Antes que eu pudesse doer ou gritar, eu passei
Pelas estrelas que eu conheço, pelas
Bordas desta ou de qualquer outra noite,
Pelo clamor da humanidade
Até que eu não estava mais sozinha, e
Não era pelo meu próprio corpo que eu chorava.
Não por vingança ou misericórdia. Nem
Por qualquer pecado específico ou sangue derramando

Que não fosse todo sangue. Por um gemido
Arrancado de todos as gargantas e todos os homens,
Todos as estações da terra. Quer dizer:
Divina era a dor. O universo
Inteiro e sem fim reuniu-se para olhar
E doer enquanto a terra zumbia e girava
Em seu lugar, enquanto as famílias arrumavam-se,
Os exércitos se dispersavam, os rios
Inchavam-se transbordantes em suas margens.

Esta obra foi produzida em Arno Pro Light 13 e impressa na gráfica Trio Digital para a Editora Malê em março de 2025.